炊飯器でまとめて3品

よくばり ごはん

あやか

KADOKAWA

prologue
今日の献立は、炊飯器におまかせ！

はじめまして、あやかと申します。

小学生の男の子2人を育てながら、Instagram を中心に活動しています。

毎日を忙しく目まぐるしく過ごす中、
炊飯器での同時調理という概念を知って実践したときは、
衝撃を受けたのを覚えています。
フライパンを使って調理するよりも洗い物も手間も少ないですし、
なにより野菜がとても甘くておいしく炊き上がることに驚きました。
野菜が苦手だった我が子が食べてくれたことで炊飯器の魅力にハマり、
日々発明家のような気持ちでレシピを開発しています。

このレシピを公開すれば、
「忙しいけど栄養たっぷりのヘルシーごはんを食べたい……」
という人たちのお役に立てるのでは？ と思ったのが Instagram を始めたきっかけです。

アカウントを開設してからまだ1年たっていませんが
「炊飯器で3品なんてすごい！ どうやって作るの？」
と思った以上の反響をいただきます。
この本ではできるだけ私の頭の中を分解して、アイデアをまとめ、
これさえあれば組み合わせや味を自分好みにアレンジして、
献立が作れるようになる本を目指しました。
また、私は彩りをとても重視しているので、
手間を抜いてもキレイに見えるちょっとしたコツも収録しています。
色の置き方をちょっと工夫するだけでキレイに見えるんです。

今日は炊飯器で何を作ろう？
みなさんがそんな風に思える本になっていたらうれしいです。

あやか

contents

prologue 今日の献立は、
炊飯器におまかせ！……002

あやか直伝！
おしゃれワンプレートを作るコツ……006

常備しておくと便利な野菜って何？……008

小さい子どもに
取り分けるときってどうすればいい？……009

炊飯器調理の基礎知識……010
　炊飯器調理のメリット……010
　失敗しない3品同時炊飯器調理のコツ……015

この本の使い方……016

Part1 バズった！人気プレートBEST10

豆苗肉巻きプレート
（にんじんと枝豆の彩りごはん・豆苗肉巻き・
里いものおかかあえ）……020

タンドリーチキンプレート
（カレーピラフ・タンドリーチキン・
ツナじゃが）……022

ピーマンの肉詰めプレート
（野菜ピラフ・ピーマンの肉詰め・ふかしいも）
……024

ペッパーライス風ごはんプレート
（ペッパーライス風ごはん・
じゃがバターマスタード・
ズッキーニとちくわのオイマヨあえ）……026

さば＆油揚げの卵煮プレート
（枝豆ごはん・蒸しさば・油揚げの卵煮）……028

鶏肉の甘酢あんプレート
（えのきごはん・鶏肉の甘酢あん・
かぼちゃのそぼろあえ）……030

キンパ風ごはんプレート
（キンパ風ごはん・さつまいもバター・
えのきの中華あえ）……032

スペアリブプレート
（まいたけカレーピラフ・スペアリブ・
ベーコンと白菜の挟み蒸し）……034

しょうがじょうゆチキンプレート
（しょうが混ぜごはん・しょうがじょうゆチキン・
なすのポン酢あえ）……036

豚こまガパオ風プレート
（豚こまガパオ風ライス・
れんこんのあおさあえ・パプリカマリネ）……038

Part2 肉と魚介のメインおかず

ひき肉

うずら卵入り団子……042

しいたけの肉詰め……044

肉団子……046

油揚げの巾着……048

野菜入り焼売……050

ベーコン包み
ハンバーグ……052

鶏肉

マヨマスタードチキン……054

ねぎソースチキン……056

もも肉ロール……058

手羽餃子……060

シンプルチキン……060

ささみときゅうりの
棒棒鶏……062

鶏ハム……062

豚肉

ピーマンとえのきの豚バラ巻き……064

厚揚げ豚バラ巻き……066

レタスの肉巻き……068

長いも豚ロール……068

エリンギ豚バラ巻き……070

れんこんと豚こま団子……072

シーフード

蒸し鮭……074

えび団子……076

Part 3 具材たっぷり 炊き込みごはん

和なごはん
しいたけひじきごはん・
えのきとツナのごはん……082

しめじとしょうがの味ごはん・
きのこたっぷり和風ごはん
……083

わかめごはん・
さつまいもごはん……084

ツナと塩昆布ごはん・
たこ飯……085

洋なごはん
にんじんごはん・
ウインナーピラフ……086

ジャンバラヤ・
ポテトピラフ……087

シーフードピラフ・
キャベツとベーコンのピラフ
……088

チキンカレーピラフ・
コーンごはん……089

中華なごはん
玉ねぎピラフ・かに炒飯……090

中華しらすごはん・
ねぎ炒飯……091

鮭炒飯……092

Part 4 アレンジ可能！ 副菜たち

じゃがいも・さつまいも
カレーポテサラ・ポテトサラダ……094

じゃがいものあおさあえ・
さつまいもと豆のサラダ……095

里いも
里いもごまサラダ・里いも煮……096

玉ねぎ・にんじん
にんじんごまサラダ・
玉ねぎとトマトの中華マリネ……097

大根
大根のみそあえ・
大根のおかかあえ……098

ごぼう・れんこん
デリ風根菜サラダ・
れんこんのツナサラダ……099

なす
なすのごまダレあえ・なすの中華あえ……100

ピーマン・パプリカ
ピーマンのおひたし・パプリカのバジルオイルあえ……101

きのこ
えのきとたこの酢のもの・えのキムチ……102

えび
えびマヨ・えびとミニトマトのマリネ……103

column
あやかプロフィール……040

炊飯器で作る作りおき
牛すじ煮込み……078
大根のそぼろあん……079
ラタトゥイユ……080

質問コーナー①……092

アレンジ広がる 万能ダレ
たらこマヨソース・洋風ソース……104
ごまダレ・やみつきダレ……105

彩り豊かな常備菜
にんじんラペ・紫キャベツのマリネ・きのこのガーリックバター……106
やみつききゅうり・ちくわのあおさあえ・パプリカのツナあえ……107
オクラのカレー風味・たらこバターもやし・トマトの塩昆布あえ……108
いんげんとコーンのごまマヨあえ・味玉（カレー）・味玉（コンソメ）……109

質問コーナー②……110

epilogue……111

あやか直伝！

おしゃれワンプレートを作るコツ

私が作るワンプレートは、
彩りや盛りつけ方にちょっとしたコツがあります。
少しのルールを知るだけで映えるようになりますよ！

1 彩りのこと

プレートに入れる色は、最低3色は使うようにしています。ズボラなので生野菜をポンとのせるだけでもOKというのが私のルール。いつも同じにならないよう、常備菜などを数品用意して使いまわしています。緑と赤はいつも入れていて、あとは白か黄色を入れることが多いです。

赤：トマト／にんじん／赤パプリカなど
緑：ピーマン／小松菜／レタス／きゅうりなど
黄：黄パプリカ／コーン／かぼちゃ／さつまいも／ヤングコーンなど
白：白米／卵／大根／カリフラワー／じゃがいもなど
黒：しいたけ／ひじき／わかめなど

2 プレートは直径24〜26cmのものを

ワンプレートでもしっかり量を盛ることができる、24cm〜26cmのお皿を使っています。平面のお皿だとごはんをすくいづらいので、少しだけ深さがあるものが使いやすくておすすめ。深さがあると立体感が増し、余白なくスッキリ盛りつけが決まるのも魅力です。洗い物をとにかく少なくしたいので、プレートの上にココット皿などは置きません(笑)。

3 盛りつけ方

手前はメインのおかず、左に炊き込みごはん、右に副菜という配置が私の定番。空いた奥のスペースには彩りを考えて、緑・赤・黄色などの彩り野菜や簡単副菜を添えています。お皿に対して、できるだけ立体的にこんもりとさせるとおいしそうに見えるので、お皿の真ん中に寄せて重なるように盛りつけるのがポイントです。

常備しておくと便利な野菜って何？

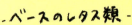
ベースのレタス類

レタス
ボリュームを出したいときに。色が濃いものを合わせると◎。

サニーレタス
色がはっきりしていて、和洋中いずれにも合わせやすい。

ベビーリーフ
洋風のプレートで使います。グッと見た目が華やかになります。

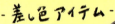
差し色アイテム

紫玉ねぎ
サラダの上に散らすとキレイに。あればより華やかになります。

ミニトマト
子どもが大好きなので多用しています。濃い赤の野菜は貴重です。

青みたち

イタリアンパセリ
レギュラーではないですが、洋風の献立でアレンジしたいときに。

貝割れ菜
色が濃く形がかわいいので、レタスなどと一緒にアクセントに。

パセリ
房をみじん切りにして冷凍保存しています。洋風のレシピで活躍。

色が濃く、生でも食べられる野菜は彩りの救世主。
特にミニトマトとサニーレタスは映えるので、
冷蔵庫に常備しています。

小さい子どもに取り分けるときってどうすればいい？

小さい子どものプレート作りのコツをまとめました。
子ども用に作る場合は、調味料を少なめで作り、
大人だけ後で足すなどで工夫して。

✓ **おかずはスティック状に切ると食べやすい。おにぎりにするのも◎**

手づかみ食べのお子さんの場合は、ごはんを小さめのおにぎりにしたり、おかずをスティック状に切ってあげると食べやすくなります。色の濃い野菜を添えると、見た目もかわいくおいしそうに仕上がりますよ。

✓ **噛み切りにくいおかずはキッチンバサミで小さく切って食べやすくしてあげましょう！**

私のレシピだと、おかずはゴロッと大きめなものが多いので、お子さまの食べやすい大きさに合わせてカットしてください。エリンギなど弾力があるものは、お子さまの年齢によっては別の食材に替えるのが安全です。

✓ **丸いものは半分に切って誤えん防止！ 子どもの口のサイズに合わせてみて！**

ミニトマトや里いも、ミートボールのような丸いおかずは、お子さまの年齢によっては誤えんリスクがあるので、カットして提供しましょう。れんこんなど普段食べ慣れない野菜も、小さめに切ると食べやすくなります。

炊飯器調理の基礎知識

炊飯器で一気に3品献立を安全においしく作るために、
炊飯器調理のメリットや手順、注意点をしっかりと押さえておきましょう。

なぜ炊飯器？
メリットと失敗しないためのコツ

炊飯器はごはんを炊くだけでなく、肉、魚、豆、野菜料理などもおいしく作れるとても便利な調理器具。材料と調味料を入れてスイッチオン！で、あとはほったらかしにしておくだけで、おいしい料理が完成します。炊飯器調理は火加減がいらないので、見張っている必要もなく、完成するまでの時間を有効に使うことができるのもうれしいポイント。本書では5.5合炊きの炊飯器を使用し、大人2〜3人前のレシピをご紹介。下準備平均10分の手軽さでできる炊飯器調理のコツを教えます！

炊飯器調理のメリット

炊飯器の特徴を活かして、ごはんだけでなく、おかずも一緒に調理しましょう。
炊飯器調理ならではのメリットを紹介します。

メリット1 調理器具が少ない！

毎日の献立を作るとき、ごはんを炊く炊飯器のほかに、フライパンや鍋などたくさんの調理器具を使うと、後片づけが大変。でも、炊飯器調理なら、基本は内釜ひとつで作れるものばかりだから、洗い物が少なくてとってもラク。下準備の際に必要なスライサーやキッチンバサミ、計量カップとスプーンなど最小限の道具があればOK！

内釜ひとつでOK！

炊飯器調理は、内釜にすべて材料を入れればあとは炊飯器におまかせ！「炊き込みごはん＋おかず＋副菜」の材料をセットするだけだから、特別な道具は必要ありません。

あやか愛用！ 便利な調理器具

キッチンバサミ
肉や魚を切り分けるときや、簡単なカットはハサミで！

スライサー
野菜のせん切りをまな板＆包丁いらずで一気にできる！

計量カップ
大さじ3まで計ることができる小さい軽量カップがあると便利！

トング
3品調理にマスト！ シリコンタイプがおすすめ。

保存容器
副菜はこの中で混ぜて、余った分はそのまま冷蔵庫へ。

メリット 2 火加減なしで ほったらかしで3品できる！

炊飯器調理の最大のメリットは、火加減がいらず、ほったらかし調理ができること！ 材料と調味料をぜんぶ内釜に入れてスイッチオン！ すれば、あとは炊飯器におまかせしてOK。手間をかけずに抜群においしい料理が完成します。本書では、お米をとぐ作業も省くため、無洗米を使用！ 3品（炊き込みごはん＋おかず＋副菜）が最低限の手間で一気にできるから、炊飯している時間を有効に使えるのも魅力です。以下の炊飯器調理の手順のコツを押さえてマスターすれば、失敗なしで作れます。

1 材料を揃える

まずは、炊き込みごはん、おかず2品の材料と調味料を計量するところからスタート。切る、下味をつけるなどの下準備も完了させて。

2 炊飯器の内釜に ごはんの材料を入れる

最初に炊き込みごはんの材料をセット。無洗米を入れ、調味料と水を指定の目盛りまで入れます。具は全体に広げるようにのせること。

調味料を加えたら ひと混ぜするのがコツ！

3 ごはんの上に 肉や魚介をのせる

メイン料理になる肉や魚介をごはんの上にのせます。なるべく重ならないようにのせるのがコツ。肉団子など形が崩れるものは野菜の後にのせます。

4 肉や魚介の上に野菜を並べる

肉や魚介を並べたら、その上か周りの空いたスペースに野菜をのせます。重量のある大根やにんじん、ごぼう、さつまいもなどはお米の上がベスト。

炊飯器のスイッチ ON!

5 炊き上がり!!

炊き上がりの合図がなったら、蓋を開けましょう。炊き込みごはんはホカホカ、肉や野菜もしっかり火が通っていておいしそう!

6 ごはん、メインおかず、サブおかずに解体してそれぞれ仕上げ!

トングで野菜と肉、魚などの食材を取り出します。切り分けて、調味料を加えて仕上げを。炊き込みごはんはしゃもじでよく混ぜて。

なすとえのきは切ってあえる!

ごはんはよく混ぜる!

鶏肉は食べやすく切る!

☆盛りつけて完成☆

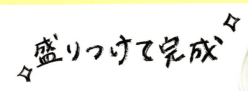

013

メリット

3 釜全体で材料を包み込むようにゆっくり加熱するから、やわらかくしっかり火が通る！

IH炊飯器は、電磁力を利用して内釜全体を直接加熱しています。底の部分だけでなく、全方位から強い火力がかかるため、内釜全体を均一にムラなくゆっくりと加熱することができるのです。全体から食料を包み込むようにゆっくり加熱するから、肉や魚はふっくらと、火の通りにくい根菜もしっかりと火が通って味がしみしみになるというわけです。特にじゃがいもや里いも、さつまいも、かぼちゃなどのでんぷん質の多い野菜は、ホクホク、やわらかくておいしい！ また、ゆっくりと加熱していくため、形崩れすることもなく、キレイに仕上がります。

一番下の鶏肉のうまみはごはんにしみしみ♪
にんじんの隙間に肉団子を置いて煮崩れ防止！

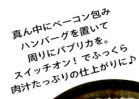

真ん中にベーコン包みハンバーグを置いて周りにパプリカを。スイッチオン！でふっくら肉汁たっぷりの仕上がりに♪

骨つき肉も炊飯器調理でホロホロのやわらかさに！じゃがいももホクホクでおいしい！

塩さばもふっくらやわらかい！周りの卵巾着もちょうどよい仕上がりに♪

じゃがいもとにんじんの上に鮭を並べて。どれもふっくら火が通って生臭さもなし！

失敗しない
3品同時炊飯器調理のコツ

炊飯器調理が便利でよさそう！を成功させるコツは、水分量と食材の入れる分量。
ポイントを押さえて失敗を防ぎましょう。

✓ 3品同時に炊飯器調理するときは、必ず米と一緒に炊飯すること！

炊飯器で3品同時に調理するときは、必ず米も一緒に炊飯モードで調理すること。炊飯モードはごはんを炊く用に設定されている機能なので、米が入らないと煮詰まりすぎたり、いつまでも炊飯が終わらないなど失敗の原因になることも。この本ではP.78〜80で紹介しているお米が入らない作りおきおかずを調理をするレシピは、『温度調理モード』を使用しました。

✓ 水分量の多い食材は水を減らしてスイッチON！炊飯器で作る献立も失敗知らず！

炊飯器調理の要となる水分量。本書は米2合が基本のため、基本的には水分量は2合の目盛りにするのが目安。ただ、鶏肉など水分の多い食材を上にのせて炊飯する場合（該当するレシピには 💧 印で表示）は、水分量を少なくして1.5合の目盛りにしましょう。その献立によって水分量が変わるので、必ずレシピをしっかり確認すること。

米2合に対して、内釜の2合の目盛りに合わせるのが基本。

鶏肉など水分の多い食材を一緒に炊くときは、内釜の1.5合の目盛りに合わせます。

✓ 食材の大きさはなるべく内釜に入るサイズにして入れること

野菜は目安量で表示していますが、個体差があるため、季節によって大きさが違う場合があります。炊飯器調理では、最大量と最小量を守ることも大切。内釜から食材がはみ出すことがないようにしましょう。お持ちの炊飯器の取扱説明書を見てレシピを活用することをおすすめします。ポイントは、内釜の $2/3$ 量以内に収まるようにすること。それ以上になると失敗の原因になることがあるので注意が必要です。

内釜からはみ出さない大きさに調整するのもコツ。

この本の使い方

食材を入れてスイッチオン！すれば3品完成してしまう
炊飯器調理の基本はもちろん、自分好みにカスタムしたり、
食事が楽しくなる彩りのコツを伝授します。

STEP 1 まずは3品献立を作ってみる

3品献立を作ってみるところから始めましょう。人気の3品献立を10種類紹介しているので、気になる献立から作ってみることをおすすめします。1度作ると重ね方のコツがつかめるはず！

STEP 3 常備野菜を添えたり、巻末の常備菜を添えれば栄養バランスもアップ！

ワンプレートに盛りつけるとき、気になるのが彩りのこと。レタスやミニトマトなどの緑や赤の差し色を持つ常備野菜を添えるだけで、グンと華やかに、そして生野菜のシャキシャキとした食感がプラスされて満足感がアップします。巻末にすぐにできる常備菜も紹介しているので、作りおきしておくと、彩りアップに役立ちます。

STEP 2 自分好みの献立を作ることも可能！

好きなメインのおかずを選んで、Part3、Part4から、お好みの炊き込みごはんや副菜を組み合わせてみて。Part2のメインおかずのページにおすすめの組み合わせ例も載せているので、参考にしながら、献立の組み合わせのバリエーションを広げましょう。

副菜は食材ごとで選べるのが便利！

炊き込みごはんも和・洋・中で探しやすい！

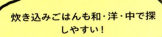

常備菜をプラス！

017

○本書は、アイリスオーヤマのIHジャー炊飯器RC-IGA50-W（5.5合炊き）を使用して、おかず＆副菜＆ごはんをまとめて3品作るレシピを紹介しています。

○P.78〜80 column 炊飯器で作る作りおき で紹介しているおかずは、炊飯モードではなく、温度調理モードを使用しています。

○本書のレシピで紹介している炊き込みごはんは、白米に変更可能です。失敗の原因になるため、おかずだけの調理はせず、必ずごはんと一緒に調理してください。

○分量は5.5合炊きで大人2〜3人分が基本です。料理によっては作りやすい分量で表示している場合もあります。

○計量単位は大さじ1=15ml、小さじ1=5mlです。米のカップ1合は180mlです。

○「少々」は小さじ $1/6$ 未満を、「適量」はちょうどよい量を、「適宜」は好みで必要があれば入れることを示します。

○野菜類は、特に指定がない場合は、洗う、皮をむくなどの作業をすませてからの手順で説明しています。

○電子レンジは600Wを基本としています。500Wの場合は加熱時間を1.2倍にしてください。

○炊飯器によって機能が違うので、必ずお持ちの炊飯器の取扱説明書を見てレシピを活用してください。

STAFF

撮影	中林香
AD	三木俊一
デザイン	宮脇菜緒（文京図案室）
スタイリング	河野亜紀
料理補助	三好弥生
校正	麦秋アートセンター
取材・編集協力	丸山みき（SORA企画）
編集アシスタント	樫村悠香、永野廣美（SORA企画）
編集	辻尚子（KADOKAWA）
撮影協力	アイリスオーヤマ株式会社

この本のレシピは、アイリスオーヤマのIHジャー炊飯器
5.5合炊き【RC-IGA50-W】を使用して作りました。

Part 1

バズった！
人気プレート
BEST 10

Instagramでもおなじみの人気プレートをご紹介。
野菜や肉が加熱されやすく、色移りしづらい
内釜への食材の入れ方をマスターしましょう！
あっという間に栄養満点のプレートが完成です。

バズった！人気プレートBEST10

豆苗肉巻きプレート

豆苗は2束に分けて、
根のほうを内側に向かい合わせると巻きやすくなります。
お好みでポン酢しょうゆをつけて召し上がれ。

にんじんと枝豆の彩りごはん

材料
- 無洗米……2合
- にんじん……1本
- しめじ……1パック
- むき枝豆(冷凍)……100g
- A｜めんつゆ(4倍濃縮)……大さじ2
  ｜みりん・酒……各大さじ1

作り方

1. にんじんはスライサーでせん切りにし、しめじは石づきを切り落としてほぐす。
2. 炊飯器に米、Aを入れ、水を2合の目盛りまで加える。1、むき枝豆を加えて炊飯する。
※💧マークのおかずと組み合わせるときは、水の分量を1.5合に。
3. 炊き上がったら全体を混ぜ合わせる。

重ね方

STEP 1 炊飯器に米、調味料、水、炊き込みごはんの具材を入れる。

STEP 2 豆苗肉巻きを端に寄せてのせ、空いたスペースに里いもをのせる。

炊飯器のスイッチ

里いもの おかかあえ

子どもが爆食い

材料
- 里いも (冷凍)……8〜10個
- A かつお節……1パック
- 白だし……大さじ1

作り方

1 炊飯器に里いもを入れて炊飯する。

2 炊き上がったらボウルに入れ、Aを加えてあえる。

豆苗肉巻き

シャキうま

材料
- 豚ロース (またはバラ) 薄切り肉……18枚 (400g)
- 豆苗……1袋

作り方

1 豆苗は根元を切り落とし、長さを半分に切る。

2 ラップを敷き、豚肉をトレイから取り出して重なったまま広げてのせ、端に1をのせて巻く(a)。

3 炊飯器に入れて炊飯する。

4 炊き上がったら取り出して8等分に切る。

a

STEP 3 豆苗肉巻き、里いもを取り出し、炊き込みごはんを混ぜ合わせる。豆苗肉巻きは切り、里いもは調味料とあえる。

盛りつけて完成

021

バズった！
人気プレート BEST 10

タンドリーチキン プレート

カレー味のごはんに、インド料理の定番タンドリーチキンという最高の組み合わせ！さっぱりとした作りおきを添えると◎。

男子ウケ抜群

カレーピラフ

材料
- 無洗米……2合
- 玉ねぎ……1/2個
- ミックスベジタブル（冷凍）……50g
- A | コンソメ（顆粒）・カレー粉 ……各大さじ1

作り方

1. 玉ねぎはみじん切りにする。

2. 炊飯器に米、Aを入れ、水を1.5合の目盛りまで加える。1、ミックスベジタブルを加えて炊飯する。
   ※マークのないおかずと組み合わせるときは、水の分量を2合に。

3. 炊き上がったら全体を混ぜ合わせる。

重ね方

STEP 1 炊飯器に米、調味料、水、カレーピラフの具材を入れる。

STEP 2 タンドリーチキンを片側に寄せてのせ、バターをのせる。空いたスペースにじゃがいもをのせる。

炊飯器のスイッチ ON!

ツナじゃが

コクうま

材料

じゃがいも……2個

ツナ缶(油漬け)……1缶

A │ マヨネーズ……大さじ3
　│ 粗びき黒こしょう……適量

作り方

1　じゃがいもは4等分に切る。

2　炊飯器に1を入れて炊飯する。

3　炊き上がったらボウルに入れ、油をきったツナ、Aを加えて混ぜ合わせる。

タンドリーチキン

超大人気

材料

鶏手羽元……5〜6本(300g)

A │ プレーンヨーグルト(無糖)……大さじ2
　│ カレー粉・トマトケチャップ
　│ 　……各大さじ1と1/2
　│ しょうゆ……大さじ1/2
　│ すりおろしにんにく(チューブ)……小さじ1
　│ 塩……小さじ1/2

バター……10g

作り方

1　鶏手羽元は骨に沿ってキッチンバサミで切り込みを入れる(a)。

2　ポリ袋に1を入れ、Aを加えてよくもみ込む(b)。

3　炊飯器に2を漬けダレごと入れ、バターをのせて炊飯する。

a

b

STEP 3 タンドリーチキン、じゃがいもを取り出し、カレーピラフを混ぜ合わせる。じゃがいもはツナ、調味料と混ぜ合わせる。

盛りつけて完成

バズった！
人気プレートBEST10

ピーマンの肉詰めプレート

手を汚さずに作れる肉だねだから、気軽にトライしてみて。
さつまいもに立てかけるように置けば、数もしっかり入ります。

毎日食べたい

野菜ピラフ

材料
- 無洗米……2合
- ミックスベジタブル（冷凍）……120g
- キャベツ……2〜3枚
- コンソメ（顆粒）……大さじ2

作り方

1. 炊飯器に米、コンソメを入れ、水を2合の目盛りまで加える。ミックスベジタブルを加え、キャベツを手でちぎって敷き詰めて炊飯する。
※マークのないおかずと組み合わせるときは、水の分量を2合に。

2. 炊き上がったらしゃもじでキャベツを切りながら全体を混ぜ合わせる。

STEP 1 炊飯器に米、調味料、水、ミックスベジタブルを入れる。

STEP 2 キャベツを敷き詰め、さつまいもを真ん中にのせ、空いたスペースにピーマンの肉詰めをのせる。

炊飯器のスイッチ ON！

ふかしいも

ほっこりやさしい

材料
さつまいも……1本

作り方
1. 炊飯器にさつまいもを入れて炊飯する。
2. 炊き上がったら取り出して、しゃもじで食べやすい大きさに切る。

ピーマンの肉詰め

我が家流

材料
ピーマン……4〜5個
合いびき肉……200g
卵……1個
塩・こしょう……各少々
A | トマトケチャップ……大さじ2
　 | ウスターソース……大さじ1

作り方
1. ピーマンは縦半分に切り、種を取り除く。
2. ジッパー付き保存袋にひき肉を入れ、卵を割り入れる。塩、こしょうを加え、袋の口を持ってもみながら混ぜ合わせる。袋の角をキッチンバサミで少し切り落とし、1に肉だねを絞り出して詰める(a)。
3. 炊飯器にピーマンを下にして入れて炊飯する。
4. 炊き上がったら器に盛り、混ぜ合わせたAをかける。

a

STEP 3
ピーマンの肉詰め、さつまいもを取り出し、野菜ピラフを混ぜ合わせる。さつまいもは切る。

盛りつけて完成

バズった！
人気プレート BEST 10

ペッパーライス風ごはんプレート

牛肉のうまみと、にんにく＆こしょうのパンチがきいた
食欲増進間違いなしのプレート。
副菜の根菜は交互に並べて加熱ムラを軽減！

ペッパーライス風ごはん

リピート間違いなし

材料

無洗米……2合
牛こま切れ肉……300g
ホールコーン缶……100g

A 焼き肉のタレ……大さじ2
　 すりおろしにんにく（チューブ）……小さじ1

B 焼き肉のタレ……大さじ3
　 しょうゆ……大さじ1

作り方

1 牛肉はポリ袋に入れ、Aを加えてよくもみ込み、10分ほどおく。

2 炊飯器に米、Bを入れ、水を1.5合（このレシピはどのおかずと組み合わせる場合も水は1.5合分で作ってください。）の目盛りまで加える。1を漬けダレごと加えて炊飯する。

3 炊き上がったら汁けをきったコーンを加え、全体を混ぜ合わせる。

STEP 1
炊飯器に米、調味料、水、漬けダレごとの牛肉を入れる。

STEP 2
じゃがいも、にんじん、ズッキーニをのせる。

炊飯器のスイッチ ON

ズッキーニとちくわのオイマヨあえ

やみつき

材料

ズッキーニ……1本
ちくわ……6本
A │ マヨネーズ……大さじ2
　│ オイスターソース……大さじ1

作り方

1. ズッキーニは縦半分に切り、ちくわは1cm幅の斜め切りにする。
2. 炊飯器にズッキーニを入れて炊飯する。
3. 炊き上がったら取り出して1cm幅に切る。ボウルに入れ、ちくわ、Aを加えて混ぜ合わせる。

じゃがバターマスタード

洋風な

材料

じゃがいも……2個
にんじん……1本
ホールコーン缶……50g
A │ バター……10g
　│ 粒マスタード……大さじ1
　│ 塩……少々

作り方

1. じゃがいもは4等分に切り、にんじんは縦4等分に切る。
2. 炊飯器に1を入れて炊飯する。
3. 炊き上がったらにんじんを取り出してひと口大に切る。ボウルに入れ、じゃがいも、汁けをきったコーン、Aを加える。じゃがいもを切るようにして混ぜ合わせる。

STEP 3

じゃがいも、にんじん、ズッキーニを取り出し、ペッパーライス風ごはんにコーンを加えて混ぜ合わせる。にんじんは切り、じゃがいも、コーン、調味料と混ぜ合わせる。ズッキーニは切り、ちくわ、調味料と混ぜ合わせる。

盛りつけて完成

バズった！人気プレートBEST10

さば＆油揚げの卵煮プレート

子どもの成長にも欠かせない栄養たっぷりのさばは、
もう炊飯器に入れるだけでOK！
炊飯調理には、血抜きをされた冷凍さばを使うのがポイント。

枝豆ごはん

冷凍野菜フル活用

材料
無洗米……2合
ささがきごぼう（冷凍）……200g
むき枝豆（冷凍）……100g
A ｜ 白だし……大さじ3
　｜ 酒……大さじ2

作り方

1. 炊飯器に米、Aを入れ、水を2合の目盛りまで加える。ごぼう、むき枝豆を加えて炊飯する。
※ 💧マークのないおかずと組み合わせるときは、水の分量を2合に。

2. 炊き上がったら全体を混ぜ合わせる。

STEP 1
炊飯器に米、調味料、水、枝豆ごはんの具材を入れる。

STEP 2
さばをのせ、油揚げの卵煮を内釜に立てかけるようにしてのせる。

炊飯器のスイッチON！！

油揚げの卵煮

材料
油揚げ……3枚
卵……6個
だしじょうゆ……適量

作り方
1 油揚げは半分に切って開く。それぞれに卵を1個ずつ入れ(a)、だしじょうゆ少々を加え、切り口をようじでとじる。
2 炊飯器に入れて炊飯する。

a

蒸しさば

材料
さば (半身／冷凍)……2枚

作り方
1 さばは解凍して、半分に切る。
2 炊飯器に皮目を上にして入れて炊飯する。

STEP 3
油揚げの卵煮、さばを取り出し、枝豆ごはんを混ぜ合わせる。

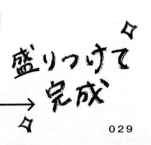

バズった！
人気プレートBEST 10

鶏肉の甘酢あん プレート

副菜のそぼろは、炊き上がってからほぐすという目からうろこのアイデア！取り出すときに少し残っても、そのままごはんに混ぜておいしい！

えのきごはん

（おなかスッキリ）

材料
無洗米……2合
えのきだけ……1袋
塩昆布……15g
A ┃ 酒・みりん・白だし……各大さじ2
　 ┃ しょうゆ……大さじ1

作り方
1. えのきだけは石づきを切り落として1cm幅に切る。
2. 炊飯器に米、Aを入れ、水を2合の目盛りまで加える。1を加えて炊飯する。
※マークのないおかずと組み合わせるときは、水の分量を2合に。
3. 炊き上がったら塩昆布を加え、全体を混ぜ合わせる。

STEP 1 炊飯器に米、調味料、水、えのきだけを入れる。

STEP 2 かぼちゃのそぼろあえのひき肉を広げてのせたら、鶏肉、かぼちゃ、ピーマンとしいたけの順にのせる。

炊飯器のスイッチON!!

かぼちゃのそぼろあえ

> ホクホク甘い

材料
鶏ひき肉……150g
かぼちゃ……1/4個（400g）
A | しょうゆ・みりん……各大さじ2
　| すりおろししょうが（チューブ）
　|　……小さじ1/2

作り方
1. かぼちゃはひと口大に切る。
2. ボウルにひき肉、Aを入れて混ぜ合わせる。
3. 炊飯器に2を広げてのせ、1を入れて炊飯する。
4. 炊き上がったらボウルに入れ、ひき肉をそぼろ状にして混ぜ合わせる。

鶏肉の甘酢あん

> 食欲そそる

材料
鶏もも肉……1枚（300g）
ピーマン……3個
しいたけ……3個
A | 砂糖・しょうゆ・酢・水……各大さじ2
　| 片栗粉・みりん……各大さじ1

作り方
1. ピーマンは縦半分に切り、しいたけは軸を切り落として半分に切る。
2. 炊飯器に鶏肉を皮目を下にして入れ、1をのせて炊飯する。
3. 耐熱ボウルにAを入れて混ぜ、ラップをかけて電子レンジで2分〜2分30秒加熱し、再度よく混ぜる。
4. 炊き上がったらピーマン、しいたけを取り出して3に加える。鶏肉も取り出し、キッチンバサミでひと口大に切って3に加え、全体を混ぜ合わせる。

STEP 3
ピーマン、しいたけ、かぼちゃ、鶏肉、ひき肉を取り出し、えのきごはんに塩昆布を加えて混ぜ合わせる。鶏肉は切り、ピーマン、しいたけ、調味液と混ぜ合わせる。ひき肉はそぼろ状にし、かぼちゃと混ぜ合わせる。

盛りつけて完成

バズった！
人気プレートBEST10

キンパ風ごはんプレート

焼肉のタレで味つけ簡単！韓国風の炊き込みごはんが一気に決まる！副菜の野菜下ごしらえもほとんどないから、あっという間にスイッチON！

キンパ風ごはん （甘辛味の）

材料
無洗米……2合
牛こま切れ（またはバラ切り落とし）肉……200g
にんじん……1/2本
たくあん……70g
A｜焼き肉のタレ……大さじ3
　｜すりおろしにんにく（チューブ）……大さじ1/2
B｜焼き肉のタレ……大さじ2
　｜しょうゆ・ごま油……各大さじ1
白いりごま……適量

作り方
1. 牛肉はポリ袋に入れ、Aを加えてよくもみ込み、5〜10分ほどおく。にんじんはせん切り、たくあんは細切りにする。
2. 炊飯器に米、Bを入れ、水を1.5合（このレシピはどのおかずと組み合わせる場合も水は1.5合分で作ってください。）の目盛りまで加える。1の漬けダレごとの牛肉、にんじんの順に加えて炊飯する。
3. 炊き上がったらたくあんを加え、全体を混ぜ合わせ、白いりごまをふる。

STEP 1 炊飯器に米、調味料、水、漬けダレごとの牛肉、にんじんを入れる。

STEP 2 さつまいも、えのきだけをのせる。

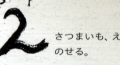

炊飯器のスイッチON!!

えのきの中華あえ

材料

えのきだけ……1袋
小ねぎ……1本
A │ ポン酢しょうゆ……大さじ2
  │ ごま油……大さじ1

作り方

1. えのきだけは石づきを切り落とし、小ねぎは小口切りにする。
2. 炊飯器にえのきだけを入れて炊飯する。
3. 炊き上がったらボウルに入れ、小ねぎ、Aを加えて混ぜ合わせる。

さつまいもバター

材料

さつまいも……1本
A │ バター……10g
  │ レモン汁……大さじ1/2

作り方

1. 炊飯器にさつまいもを入れて炊飯する。
2. 炊き上がったらボウルに入れ、スプーンで切る(a)。Aを加えて混ぜ合わせる。

a

STEP 3

さつまいも、えのきだけを取り出し、キンパ風ごはんにたくあんを加えて混ぜ合わせる。さつまいもは切り、調味料と混ぜ合わせる。えのきだけは小ねぎ、調味料と混ぜ合わせる。

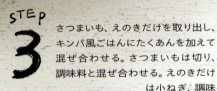

盛りつけて完成

バズった！
人気プレートBEST10

スペアリブプレート

スペアリブだって炊飯器におまかせ！
どれくらい火を通したらよいのだろう…
という悩みもなく、ほったらかしで豪華なおかずが完成。

モリモリ食べる

まいたけカレーピラフ

材料
無洗米……2合
まいたけ……1パック
玉ねぎ……1個
A｜コンソメ（顆粒）……大さじ2
　｜カレー粉……小さじ1

作り方

1. 玉ねぎはみじん切りにし、まいたけはほぐす。

2. 炊飯器に米、Aを入れ、水を1.5合の目盛りまで加える。玉ねぎ、まいたけの順に加えて炊飯する。
※マークのないおかずと組み合わせるときは、水の分量を2合に。

3. 炊き上がったら全体を混ぜ合わせる。

STEP 1 炊飯器に米、調味料、水、まいたけカレーピラフの具材を入れる。

STEP 2 スペアリブを周りにのせ、真ん中にベーコンと白菜の挟み蒸しをのせる。

炊飯器のスイッチON!!

ベーコンと白菜の挟み蒸し

材料

ベーコン（ロングタイプ）……4〜5枚
白菜……1/4個

作り方

1. 白菜の葉と葉の間にベーコンを挟む。

2. 炊飯器に入れて炊飯する。

3. 炊き上がったら取り出して、食べやすい大きさに切る。

スペアリブ

しゃぶりつく

材料

スペアリブ……5〜7本（400g）
A｜トマトケチャップ・中濃ソース
　　……各大さじ2
　｜しょうゆ……大さじ1
　｜すりおろしにんにく（チューブ）・
　　すりおろししょうが（チューブ）
　　……各小さじ1

作り方

1. スペアリブはポリ袋に入れ、Aを加えてよくもみ込み、5〜10分ほどおく。

2. 炊飯器に1を漬けダレごと入れて炊飯する。

STEP 3
ベーコンと白菜の挟み蒸し、スペアリブを取り出し、まいたけカレーピラフを混ぜ合わせる。

盛りつけて完成

035

バズった！
人気プレートBEST 10

しょうがじょうゆ
チキンプレート

ごはんと主菜にしょうがを使った和のプレート。
鶏もも肉のうまみがごはんにも行き渡って、シンプルだけど、
何度も食べたくなる相性抜群な組み合わせ。

しょうが混ぜごはん

材料
無洗米……2合
しょうが……1かけ
和風だし（顆粒）……大さじ1
しょうが（せん切り）……適量

作り方

1. しょうがはせん切りにする。

2. 炊飯器に米、1、和風だしを入れ、水を1.5合の目盛りまで加えて炊飯する。
※ 💧マークのないおかずと組み合わせるときは、水の分量を2合に。

3. 炊き上がったら全体を混ぜ合わせ、しょうがをのせる。

STEP 1　炊飯器に米、しょうが、調味料、水を入れる。

STEP 2　鶏肉をのせ、なす、えのきだけをのせる。

 →

炊飯器のスイッチ ON!!!

なすのポン酢あえ

材料

なす……1本
えのきだけ……1袋
A ┃ ポン酢しょうゆ……大さじ3
　 ┃ ごま油……大さじ1
青じそ (せん切り)……適量

作り方

1. なすは縦半分に切り、えのきだけは石づきを切り落とす。
2. 炊飯器になす、えのきだけを入れて炊飯する。
3. 炊き上がったらボウルに入れ、なすを裂き、えのきだけをほぐす。Aを加えてあえ、青じそをのせる。

しょうがじょうゆチキン

材料

鶏もも肉……2枚 (450g)
A ┃ しょうゆ……大さじ3
　 ┃ すりおろししょうが (チューブ)……大さじ1

作り方

1. 鶏肉はポリ袋に入れ、Aを加えてよくもみ込み、5分ほどおく。
2. 炊飯器に鶏肉を皮目を下にして入れ、漬けダレも加えて炊飯する。
3. 炊き上がったら取り出して食べやすい大きさに切る。

STEP 3
なす、えのきだけ、鶏肉を取り出し、しょうが混ぜごはんを混ぜ合わせる。鶏肉は切り、えのきだけはほぐす。なすは半分に裂き、調味料と混ぜ合わせる。

盛りつけて完成

バズった！人気プレートBEST10

豚こまガパオ風プレート

ごはんだけでも肉と野菜がたっぷり入っているから十分なボリュームに。
炊飯している間に目玉焼きを作っておけば完璧です。

豚こまガパオ風ライス

肉も野菜も！

材料

無洗米……2合
豚こま切れ肉……300g
玉ねぎ……1個
ピーマン……3個
パプリカ(赤)……1/2個
卵……2〜3個
A｜オイスターソース……大さじ2
　｜鶏がらスープの素(顆粒)・しょうゆ
　｜　……各大さじ1
　｜すりおろしにんにく(チューブ)……小さじ1
オイスターソース……大さじ1

作り方

1 豚肉はポリ袋に入れ、Aを加えてよくもみ込み、5分ほどおく。玉ねぎ、ピーマン、パプリカは1cm角に切る。

2 炊飯器に米、オイスターソースを入れ、水を2合の目盛りまで加える。1の漬けダレごとの豚肉、野菜の順に加えて炊飯する。
※💧マークのないおかずと組み合わせるときは、水の分量を2合に。

3 炊き上がったら全体を混ぜ合わせる。

4 フッ素樹脂加工のフライパンに卵を割り入れて目玉焼きを作り、盛りつけた3にのせる。

STEP 1
炊飯器に米、調味料、水、豚こまガパオ風ライスの具材を入れる。

STEP 2
れんこん、パプリカをのせる。

炊飯器のスイッチON!

038

パプリカマリネ

彩り抜群!

材料

パプリカ(赤・黄)……各1/2個
A｜酢……大さじ1
　｜砂糖……小さじ2
　｜オリーブ油……小さじ1
　｜塩・こしょう……各少々

作り方

1 パプリカは縦半分に切る。

2 炊飯器に入れて炊飯する。

3 炊き上がったら取り出して5mm幅に切る。ボウルに入れ、Aを加えて混ぜ合わせる。

れんこんの あおさあえ

あおさが香ばしい

材料

れんこん……1節(200g)
しらす干し……25g
あおさ……大さじ1/2
A｜オリーブ油……大さじ1
　｜塩……少々

作り方

1 れんこんは1cm厚さのいちょう切りにする。

2 炊飯器に1を入れて炊飯する。

3 炊き上がったらボウルに入れ、しらす、Aを加えて混ぜ合わせる。

STEP 3 パプリカ、れんこんを取り出し、豚こまガパオ風ライスを混ぜ合わせる。パプリカは調味料と混ぜ合わせ、れんこんはしらす、あおさ、調味料と混ぜ合わせる。

盛りつけて完成

039

column

あやか プロフィール

Q あやかさんってどんな人?

A 今はインフルエンサーとして仕事をしていますが、Instagramを始める前はただの専業主婦でした。学生の頃からつきあっていた夫と24歳のときに結婚しています。子どもに手作りのものを食べさせたいという気持ちが強く、主婦の道を選びました。短大では保健室の先生になるための勉強をしていて、養護教諭の資格を持っています!

Q 性格は?

A 三重県民ですが、せっかちな性格です(笑)。ていねいではないのですが、ズボラにしてもいいところと力を入れるところのポイントを見分けるのはうまいほうだと思います。子どもにとって自慢のママでいられるように、抜くところは抜きつつ、だらしなくならないようにがんばっています(笑)。

Q どうして料理がうまいの?

A 母の影響が強いです。母はどんな料理でも作ってくれて、それがどれもおいしいので私にとって憧れでした。母の手伝いをしているうちに、頭に浮かんだ料理を想像した通りに作れるようになった気がします。実家を離れ、人から料理がうまいねと言われることが増えて、自分は料理が得意なのだと自覚しました。

Q 苦手な料理はある?

A お菓子作り全般が苦手です(笑)。分量をしっかり計らないといけないので、感覚で作るのが難しく、作れる人のことを尊敬します。あとは離乳食ですね。大人向けの料理は得意なのですが、味つけ、温度調整、やわらかさなど細かい加減が難しくて、息子たちが小さい頃は悩みながら作った記憶があります。

Part 2

肉と魚介の
メインおかず

冷蔵庫に残っている食材や、
スーパーで安売りしていた食材から使いたい！
そんなときはメインからメニューを選んで。
おすすめのプレートを紹介していますが、
ごはんと副菜も好みに合わせて入れ替えれば、
組み合わせ無限大！

おすすめごはん
▶ P.89 チキンカレーピラフ

おすすめ副菜
▶ P.97 にんじんごまサラダ

ひき肉がメインのおかず

うずら卵入り団子

肉団子の中身はなんとうずら卵！
ボリューム感を出したいときにおすすめです

材料
豚ひき肉……150g
うずら卵（水煮）……6〜8個
A｜鶏がらスープの素（顆粒）……小さじ1
　｜塩・こしょう……各少々

作り方
1. ボウルにひき肉、Aを入れ、粘りが出るまでよく混ぜ合わせる。
2. うずら卵を1で包んで丸める。
3. 炊飯器に入れて炊飯する。

他のおすすめごはん ➡ P.83 きのこたっぷり和風ごはん

他のおすすめ副菜 ➡ P.98 大根のみそあえ

重ね方
炊飯器にごはんの材料を入れ、上に副菜の食材を間隔を空けて並べ、うずら卵入り肉団子を食材の間にのせる。

炊飯器のスイッチ ON

しいたけの肉詰め

しいたけと鶏肉のうまみが口の中で
ジュワッと広がる！

【材料】
鶏ひき肉……200g
しいたけ……6個
卵……1個
A｜片栗粉……大さじ1
　｜塩・こしょう……各少々

【作り方】

1　しいたけは軸を切り落とす。

2　ジッパー付き保存袋にひき肉を入れ、卵を割り入れる。Aを加え、袋の口を持ってもみながら混ぜ合わせる。袋の角をキッチンバサミで少し切り落とし、しいたけに肉だねを絞り出して詰める。

3　炊飯器にしいたけの笠を下にして入れて炊飯する。

他のおすすめごはん ⇨ P.90 かに炒飯

他のおすすめ副菜 ⇨ P.99 デリ風根菜サラダ

【重ね方】
炊飯器にごはんの材料を入れ、上に副菜の食材を並べ、しいたけの肉詰めを笠を下にしてのせる。

炊飯器のスイッチ ON!

045

おすすめ副菜
P.99 れんこんのツナサラダ

おすすめごはん
P.88 シーフードピラフ

ひき肉がメインのおかず

肉団子

あっさりとした鶏肉の肉団子には、子どもも大好きなソースをかけて召し上がれ！

材料

鶏ひき肉……250g
玉ねぎ……1/2個
A｜コンソメ（顆粒）……小さじ1
　｜塩・こしょう……各少々
B｜トマトケチャップ……大さじ2
　｜砂糖・中濃ソース……各大さじ1

作り方

1. 玉ねぎはみじん切りにする。
2. ボウルにひき肉、1、Aを入れて混ぜ合わせ、8等分にして丸める。
3. 炊飯器に2を入れて炊飯する。
4. 炊き上がったらボウルに入れ、Bを加えて混ぜ合わせる。

他のおすすめごはん ▷ P.34 まいたけカレーピラフ

他のおすすめ副菜 ▷ P.27 じゃがバターマスタード

重ね方
炊飯器にごはんの材料を入れ、上に肉団子を並べ、隙間に副菜の食材をのせる。

炊飯器のスイッチ ON!

047

おすすめごはん
▷ P.82 えのきとツナのごはん

おすすめ副菜
▷ P.99 デリ風根菜サラダ

油揚げの巾着

油揚げの中に具材をたっぷり詰め込んで、
肉も野菜も海そうも食べられる！

材料

鶏ひき肉……200g
油揚げ……3枚
にんじん……1/3本
むき枝豆（冷凍）……30g
ひじき（乾燥）……1.5g
A | だしじょうゆ……大さじ3
  | みりん・砂糖……各小さじ1

作り方

1. 油揚げは半分に切り、にんじんはみじん切りにする。
2. ジッパー付き保存袋にひき肉、にんじん、むき枝豆、ひじき、Aを入れ、袋の口を持ってもみながら混ぜ合わせる。袋の角をキッチンバサミで少し切り落とし、油揚げに肉だねを絞り出して詰めたら、油揚げの切り口をようじでとじる。
3. 炊飯器の内釜に立てかけるようにして入れて炊飯する。

他のおすすめごはん ⇨ P.92 鮭炒飯

他のおすすめ副菜 ⇨ P.33 さつまいもバター

重ね方

炊飯器にごはんの材料を入れ、上に副菜の食材を並べ、内釜に油揚げの巾着を立てかけるようにして入れる。

炊飯器のスイッチ ON!

おすすめ副菜
P.103 えびと
ミニトマトのマリネ

おすすめごはん
P.85 ツナと塩昆布ごはん

野菜入り焼売

皮を使わずに、具材を混ぜて丸めるだけだからラク！
彩りのよいミックスベジタブルを使って

材料

鶏ひき肉……150g
ミックスベジタブル（冷凍）……60g
むき枝豆（冷凍）……50g
鶏がらスープの素（顆粒）……大さじ 1/2
しょうゆ……小さじ1
すりおろしにんにく（チューブ）・
　すりおろししょうが（チューブ）……各小さじ 1/2

作り方

1. ボウルにすべての材料を入れて混ぜ合わせ、6〜8等分にして丸める。
2. 炊飯器に入れて炊飯する。

重ね方
炊飯器にごはんの材料を入れ、上に野菜入り焼売を並べ、副菜の食材を間にのせる。

炊飯器のスイッチ ON！

他のおすすめごはん　P.88 シーフードピラフ

他のおすすめ副菜　P.94 ポテトサラダ

051

おすすめ副菜
⇨ P.101 パプリカのバジルオイルあえ

おすすめごはん
⇨ P.87 ポテトピラフ

ベーコン包み
ハンバーグ

一度は試してほしい！
うまみも見映えも満点のメインおかず

材料

合いびき肉……300g
ベーコン（ロングタイプ）……10枚
ピーマン……1個
玉ねぎ……1/2個
にんじん……1/3本
卵……1個
A | 塩・こしょう……各適量

作り方

1. ピーマン、玉ねぎはみじん切りにし、にんじんはスライサーで細切りにする。卵はボウルに割り入れて溶く。
2. 別のボウルにひき肉、1、Aを入れて混ぜ合わせる。
3. ラップを敷き、ベーコンを5mmずつずらしながら重ねて縦に並べ、手前に2をのせて巻く(a)。
4. 炊飯器に入れて炊飯する。
5. 炊き上がったら取り出して8等分に切る。

他のおすすめごはん ⇨ P.90 玉ねぎピラフ

他のおすすめ副菜 ⇨ P.39 れんこんのあおさあえ

重ね方
炊飯器にごはんの材料を入れ、上にベーコン包みハンバーグをのせ、サイドに副菜の食材をのせる。

おすすめ副菜
→ P.95 じゃがいものあおさあえ

おすすめごはん
→ P.89 コーンごはん

鶏肉がメインのおかず

マヨマスタードチキン

マヨネーズのこってり感に、マスタードのアクセントが◎

重ね方
炊飯器にごはんの材料を入れ、上に鶏肉をのせ、周りに副菜の食材をのせる。

【材料】
鶏もも肉……大1枚 (300g)
A│マヨネーズ……大さじ2
　│粒マスタード……大さじ1

【作り方】
1　鶏肉は大きめのひと口大に切る。

2　炊飯器に1を皮目を下にして入れて炊飯する。

3　炊き上がったらボウルに入れ、Aを加えて混ぜ合わせる。

炊飯器のスイッチON!

他のおすすめごはん ⇨ P.87 ポテトピラフ

他のおすすめ副菜 ⇨ P.101 パプリカのバジルオイルあえ

おすすめごはん
⇨ P.90 かに炒飯

おすすめ副菜
⇨ P.102 えのキムチ

ねぎソースチキン

ジューシーな鶏もも肉に、
たっぷりのねぎソースをかけて

材料
鶏もも肉……2枚 (450g)
長ねぎ……1本
A | しょうゆ……大さじ1と1/2
　| 酢……大さじ1
　| 砂糖・ごま油……各大さじ1/2

作り方
1. 炊飯器に鶏肉を皮目を下にして入れて炊飯する。
2. 長ねぎはみじん切りにする。
3. ボウルに2、Aを入れて混ぜ合わせる。
4. 1が炊き上がったら取り出して食べやすい大きさに切り、器に盛り、3をかける。

他のおすすめごはん ➡ P.91 中華しらすごはん

他のおすすめ副菜 ➡ P.100 なすのごまダレあえ

重ね方
炊飯器に炊き込みごはんの材料を入れ、上に鶏肉をのせ、さらにその上に副菜の食材をのせる。

炊飯器のスイッチ ON

おすすめごはん
➡ P.90 玉ねぎピラフ

おすすめ副菜
➡ P.94 カレーポテサラ

もも肉ロール

鶏もも肉は大きめのものを使うと巻きやすい！
野菜もモリモリ食べられる

材料

鶏もも肉……大1枚(300g)
にんじん……1/2本
さやいんげん……8本
A│みりん……大さじ2
 │しょうゆ・水・酒……各大さじ1
 │砂糖……小さじ1
 │片栗粉……小さじ1/2

作り方

1. 鶏肉は厚みが均等になるように開く。にんじんは細切りにし、さやいんげんはヘタを取る。耐熱容器にAを入れて混ぜ合わせ、ラップはかけずに電子レンジで1分加熱する。

2. ラップを敷き、鶏肉を皮目を下にしてのせ、にんじん、さやいんげんをのせて巻く。巻き終わりをようじでとめる(a)。

3. 炊飯器に2を入れて炊飯する。

4. 炊き上がったら取り出して6〜8等分に切り、器に盛り、Aをかける。

a

他のおすすめごはん ⇨ P.20 にんじんと枝豆の彩りごはん

他のおすすめ副菜 ⇨ P.101 ピーマンのおひたし

重ね方

炊飯器にごはんの材料を入れ、上にもも肉ロールをのせ、サイドに副菜の食材をのせる。

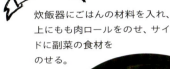

炊飯器のスイッチ ON

059

おすすめ副菜
P.102 えのきとたこの酢のもの

おすすめごはん
P.92 鮭炒飯

おすすめ副菜
P.96 里いもごまサラダ

おすすめごはん
P.87 ジャンバラヤ

 鶏肉がメインのおかず

居酒屋のメニューにも並ぶ、うまみたっぷりのおかず！下処理は慣れれば簡単！

手羽餃子

材料

鶏手羽先……6本
豚ひき肉……150g
にら……30g
A｜鶏がらスープの素（顆粒）……大さじ1
　｜しょうゆ……小さじ1
　｜すりおろしにんにく（チューブ）……小さじ1/2

作り方

1. にらはみじん切りにする。
2. ボウルにひき肉、1、Aを入れて混ぜ合わせる。
3. 鶏手羽先は骨2本の間の筋を切り離し、周りの肉からも切り離して骨を抜く(a)(b)。袋状にして2を詰める。
4. 炊飯器に入れて炊飯する。

重ね方
炊飯器にごはんの材料を入れ、上に手羽餃子を並べ、副菜の食材をのせる。

 炊飯器のスイッチ ON!

他のおすすめごはん
 P.36 しょうが混ぜごはん

他のおすすめ副菜
 P.100 なすの中華あえ

シンプルだからこそ、どんな組み合わせにも馴染む定番おかず！

シンプルチキン

材料

鶏もも肉……大1枚（300g）
塩・こしょう……各少々

作り方

1. 鶏肉は両面に塩、こしょうをふる。
2. 炊飯器に皮目を上にして入れて炊飯する。
3. 炊き上がったら取り出して食べやすい大きさに切る。

重ね方
炊飯器にごはんの材料を入れ、上に鶏肉を乗せ、サイドに副菜の食材をのせる。

 炊飯器のスイッチ ON!

他のおすすめごはん
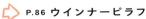 P.86 ウインナーピラフ

他のおすすめ副菜
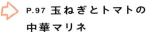 P.97 玉ねぎとトマトの中華マリネ

おすすめ副菜
→ P.100 なすの中華あえ

おすすめごはん
→ P.91 中華しらすごはん

おすすめごはん
→ P.97 玉ねぎとトマトの中華マリネ

おすすめごはん
→ P.91 ねぎ炒飯

ささみときゅうりの棒棒鶏

きゅうりは大きめサイズが歯応えもあって◎。さっぱりしたものが食べたい日に

重ね方
炊飯器にごはんの材料を入れ、上に鶏ささみを並べ、副菜の食材をのせる。

炊飯器のスイッチON

材料
- 鶏ささみ……4〜5本（230g）
- きゅうり……2本
- A
  - ごま油……大さじ4
  - 焼き肉のタレ……大さじ3
  - 鶏がらスープの素（顆粒）……大さじ1
  - 塩・すりおろしにんにく（チューブ）……各小さじ1
  - 白すりごま……適量
- 糸唐辛子……適量

作り方
1. 鶏ささみは筋を取り除く。
2. 炊飯器に1を入れて炊飯する。
3. きゅうりは4等分の長さに切り、ポリ袋に入れてめん棒で叩く。
4. 炊き上がったら鶏ささみをほぐし、3のポリ袋に加え、Aを加えて混ぜ合わせる。

他のおすすめごはん
→ P.91 ねぎ炒飯

他のおすすめ副菜
→ P.29 油揚げの卵煮

鶏ハム

P.104〜105のタレを使って味つけをプラスしても！

重ね方
炊飯器に炊き込みごはんの材料を入れ、上に鶏肉をのせ、副菜の食材を全体にのせる。

炊飯器のスイッチON

材料
- 鶏むね肉……大1枚（300g）

作り方
炊飯器に鶏肉を皮目を上にして入れて炊飯する。

他のおすすめごはん
→ P.89 コーンごはん

他のおすすめ副菜
→ P.103 えびマヨ

おすすめごはん
→ P.82 しいたけひじきごはん

おすすめ副菜
→ P.96 里いも煮

 豚肉がメインのおかず

ピーマンと えのきの 豚バラ巻き

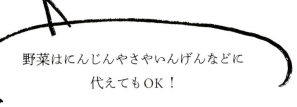 野菜はにんじんやさやいんげんなどに代えてもOK！

材料

豚バラ（またはロース）薄切り肉……8枚（200g）
ピーマン……4個
えのきだけ……1/2袋

作り方

1. ピーマンは縦4等分に切り、えのきだけは石づきを切り落としてほぐす。
2. 豚肉を広げ、端に1を1/8量ずつのせて巻く。残りも同様にして肉巻きを8個作る。
3. 炊飯器に入れて炊飯する。

他のおすすめごはん ⇨ P.86 にんじんごはん

他のおすすめ副菜 ⇨ P.98 大根のおかかあえ

重ね方

炊飯器に炊き込みごはんの材料を入れ、上に副菜の食材をのせ、ピーマンとえのきの豚バラ巻きをのせる。

炊飯器のスイッチON！

おすすめごはん
P.84 わかめごはん

おすすめ副菜
P.101 ピーマンのおひたし

厚揚げ豚バラ巻き

リーズナブルな厚揚げで
うまみも栄養もアップ！

炊飯器にごはんの材料を入れ、上に副菜の食材をのせ、厚揚げ豚バラ巻きをのせる。

材料
豚バラ（またはロース）薄切り肉……8枚（180g）
厚揚げ……2枚

作り方

1. 厚揚げは棒状に切る。

2. 豚肉を広げ、端に1を1/8量ずつのせて巻く。これを8個作る。

3. 炊飯器に入れて炊飯する。

他のおすすめごはん ➡ P.82 しいたけひじきごはん

他のおすすめ副菜 ➡ P.96 里いもごまサラダ

おすすめ副菜
→ P.100 なすのごまダレあえ

おすすめごはん
→ P.83 きのこたっぷり和風ごはん

おすすめ副菜
→ P.98 大根のみそあえ

おすすめごはん
→ P.85 たこ飯

 豚肉がメインのおかず

ポン酢しょうゆをかけて食べるのがおすすめ！

レタスの肉巻き

材料
豚バラ（またはロース）薄切り肉……14枚（360g）
レタス……1/3個

作り方
1. レタスは芯を取り除いてバラバラにする。
2. ラップを敷き、豚肉をトレイから取り出して重なったまま広げてのせ、端に1をのせて巻く。
3. 炊飯器に入れて炊飯する。
4. 炊き上がったら取り出して8等分に切る。

重ね方
炊飯器にごはんの材料を入れ、上にレタスの肉巻きをのせ、副菜の食材をのせる。

炊飯器のスイッチON

他のおすすめごはん
 P.85 ツナと塩昆布ごはん

他のおすすめ副菜
 P.94 カレーポテサラ

P.105のやみつきダレとの相性抜群！

長いも豚ロール

材料
豚バラ（またはロース）薄切り肉……8枚（180g）
長いも……180g
青じそ……8枚

作り方
1. 長いもは1.5cm角×8cm長さの棒状に切る。
2. 豚肉を広げ、端に青じそを1枚と1を1/8量ずつのせて巻く。残りも同様にして肉巻きを8個作る。
3. 炊飯器に入れて炊飯する。

重ね方
炊飯器にごはんの材料を入れ、上に副菜の食材をのせ、食材に立てかけるように長いも豚ロールをのせる。

炊飯器のスイッチON

他のおすすめごはん
 P.84 さつまいもごはん

他のおすすめ副菜
P.102 えのキムチ

069

豚肉がメインのおかず

エリンギ豚バラ巻き

エリンギの弾力で、しっかりと噛めるおかずに。
お好みでポン酢しょうゆをつけても美味

材料
豚バラ（またはロース）薄切り肉……8枚（180g）
エリンギ……1パック

作り方
1. エリンギは縦に裂いて8本にする。
2. 豚肉を広げ、端に1を1本ずつのせて巻く。これを8個作る。
3. 炊飯器に入れて炊飯する。

重ね方
炊飯器にごはんの材料を入れ、上に副菜の食材をのせ、さらにその上にエリンギ豚バラ巻きをのせる。

炊飯器のスイッチ ON

他のおすすめごはん → P.84 わかめごはん

他のおすすめ副菜 → P.96 里いも煮

071

おすすめごはん
▷ P.83 しめじとしょうがの味ごはん

おすすめ副菜
▷ P.95 さつまいもと豆のサラダ

れんこんと豚こま団子

だしじょうゆのやさしい味わいで
素材の味を引き立てる！

重ね方

炊飯器にごはんの材料を入れ、上に副菜の食材をのせ、周りにれんこんと豚こま団子を並べる。

材料

豚こま切れ肉……240g
れんこん……50g
A│片栗粉……大さじ2
 │だしじょうゆ……大さじ1
 │酒……小さじ1

作り方

1. 豚肉はキッチンバサミで細かく切る。れんこんは細かく刻む。
2. ボウルに1、Aを入れて混ぜ合わせ、6〜8等分にして丸める。
3. 炊飯器に入れて炊飯する。

炊飯器のスイッチON

他のおすすめごはん ➡ P.83 きのこたっぷり和風ごはん

他のおすすめ副菜 ➡ P.102 えのきとたこの酢のもの

おすすめごはん
▷ P.86 ウインナーピラフ

おすすめ副菜
▷ P.94 ポテトサラダ

シーフードがメインのおかず

蒸し鮭

彩りをグッとよくしてくれる鮭は栄養もバッチリ！
蒸し焼きだからふっくら仕上がります

材料
塩鮭（切り身）……3切れ

作り方
炊飯器に鮭を入れて炊飯する。

重ね方
炊飯器にごはんの材料を入れ、上に副菜の食材をのせ、さらにその上に鮭をのせる。

炊飯器のスイッチ ON

他のおすすめごはん ▷ P.88 キャベツとベーコンのピラフ

他のおすすめ副菜 ▷ P.97 にんじんごまサラダ

075

おすすめ副菜
P.77 蒸しとうもろこし

おすすめごはん
P.88 キャベツとベーコンのピラフ

 シーフードがメインのおかず

 重ね方

炊飯器にごはんの材料を入れ、キャベツをちぎって敷き詰めた上にえび団子を並べ、隙間に副菜の食材をのせる。

えび団子

ふわふわのはんぺんにプリッとしたえびが
アクセントになって◎

材料
むきえび（冷凍）……10尾
鶏ひき肉……100g
はんぺん……1枚
鶏がらスープの素（顆粒）……大さじ1

作り方
1 えびは細かく切る。
2 ボウルに1、ひき肉、はんぺん、鶏がらスープの素を入れて混ぜ合わせ、6等分にして丸める。
3 炊飯器に入れて炊飯する。

蒸しとうもろこし

材料
とうもろこし……1本
だしじょうゆ……大さじ1

作り方
1 とうもろこしは6等分に切り、だしじょうゆをぬる。
2 炊飯器に入れて炊飯する。

炊飯器のスイッチ ON

他のおすすめごはん ➡ P.24 野菜ピラフ

他のおすすめ副菜 ➡ P.27 ズッキーニとちくわのオイマヨあえ

077

column 炊飯器で作る 作りおき

じっくり煮込む料理も
ほったらかしで作れるからうれしい！

牛すじ煮込み

材料

- 牛すじ……300g
- にんじん……1本
- こんにゃく(アク抜き済み)……1パック
- A | しょうゆ……大さじ4
  | 砂糖・みりん・酒……各大さじ3

作り方

1. 牛すじは食べやすい大きさに切り、にんじんは乱切りにする。
2. 炊飯器に1、こんにゃくを手でちぎりながら入れ、A、水300mlを加えて炊く。

> 味がしみしみの大根がたまらない。
> そぼろあんをたっぷりからめて召し上がれ

大根のそぼろあん

材料
- 大根……1/2本
- 鶏ひき肉……200g
- A
  - しょうゆ……大さじ4
  - みりん……大さじ3
  - 砂糖……大さじ2
- 片栗粉……大さじ1

作り方
1. 大根は2cm幅の半月切にする。
2. 炊飯器に1、Aを入れて炊く。
3. 炊き上がったら片栗粉、水50mlを加えてとろみがつくまでやさしく混ぜ合わせる。

※お使いの炊飯器の機能を確認してください。今回は自動調理モードを使用しています。

column 炊飯器で作る 作りおき

野菜を切ってスイッチオンするだけ！
栄養満点の作りおきが完成

ラタトゥイユ

材料

- ズッキーニ……1本
- なす……1本
- 玉ねぎ……1個
- パプリカ（赤・黄）……各1/2個
- にんにく……1かけ
- カットトマト缶……1缶
- A │ ローリエ……2枚
    │ オリーブ油……大さじ1
    │ コンソメ（顆粒）……小さじ1
    │ 塩・こしょう……各少々

作り方

1. ズッキーニ、なすは2cm幅の半月切りにし、玉ねぎ、パプリカは2cm角に切る。にんにくはみじん切りにする。
2. 炊飯器に1、トマト、Aを入れて炊く。

Part 3

具材たっぷり
炊き込みごはん

素材の味が染み込んでうまみたっぷりな炊き込みごはんは、
おかずに合わせやすいように和・洋・中のレパートリーでご紹介。
やさしい味わいから、パンチのきいたものまであるから
プレートを飽きさせずに賑わせてくれること間違いなし！

具材たっぷり 炊き込みごはん 和なごはん

しいたけの風味が広がって美味

しいたけひじきごはん

材料

無洗米……2合
しいたけ……6個
ひじき(乾燥)……8g
A │ めんつゆ(4倍濃縮)・みりん・酒
　│　……各大さじ2
　│ しょうゆ……大さじ1

作り方

1. しいたけは軸を切り落として2mm幅の薄切りにする。ひじきは水でもどす。

2. 炊飯器に米、Aを入れ、水を2合の目盛りまで加える。ひじき、しいたけの順に加えて炊飯する。

※💧マークのおかずと組み合わせるときは、水の分量を1.5合に。

3. 炊き上がったら全体を混ぜ合わせる。

ツナのコクが後を引く！子どもウケも◎

えのきとツナのごはん

材料

無洗米……2合
えのきだけ……1袋
ツナ缶(油漬け)……1缶
A │ しょうゆ……大さじ2
　│ 和風だし(顆粒)……大さじ1

作り方

1. えのきだけは石づきを切り落として1cm幅に切る。

2. 炊飯器に米、Aを入れ、水を2合の目盛りまで加える。1、油を軽くきったツナの順に加えて炊飯する。

※💧マークのおかずと組み合わせるときは、水の分量を1.5合に。

3. 炊き上がったら全体を混ぜ合わせる。

しめじとしょうがの味ごはん

せん切りのしょうがで味がキリッと締まる！

材料

無洗米……2合
しめじ……1パック
しょうが……1かけ
A │ 砂糖・和風だし(顆粒)・
　　 しょうゆ・みりん……各大さじ1

作り方

1. しめじは石づきを切り落としてほぐす。しょうがはせん切りにする。
2. 炊飯器に米、Aを入れ、水を2合の目盛りまで加える。1を加えて炊飯する。
※ 💧マークのおかずと組み合わせるときは、水の分量を1.5合に。
3. 炊き上がったら全体を混ぜ合わせる。

きのこたっぷり和風ごはん

ほかにも余っているきのこがあれば入れてOK！

材料

無洗米……2合
えのきだけ……2袋
しめじ……1パック
油揚げ……4枚
A │ めんつゆ(4倍濃縮)・みりん・酒
　　 ……各大さじ2
　　 和風だし(顆粒)……大さじ1/2

作り方

1. えのきだけは石づきを切り落として1cm幅に切る。しめじは石づきを切り落としてほぐす。油揚げは縦半分に切り、1cm幅の短冊切りにする。
2. 炊飯器に米、Aを入れ、水を2合の目盛りまで加える。えのきだけ、しめじ、油揚げの順に加えて炊飯する。
※ 💧マークのおかずと組み合わせるときは、水の分量を1.5合に。
3. 炊き上がったら全体を混ぜ合わせる。

具材たっぷり 炊き込みごはん 和なごはん

磯の香りが
ふわっと広がる！

わかめごはん

材料

無洗米……2合
カットわかめ（乾燥）……5g
A｜白だし……大さじ3
　｜塩……少々

作り方

1. 炊飯器に米、Aを入れ、水を2合の目盛りまで加える。わかめを加えて炊飯する。

※ 💧マークのおかずと組み合わせるときは、水の分量を1.5合に。

2. 炊き上がったら全体を混ぜ合わせる。

やさしい甘さで、
間違いない一品！

さつまいも
ごはん

材料

無洗米……2合
さつまいも……1本
A｜白だし……大さじ2
　｜塩……少々

作り方

1. 炊飯器に米、Aを入れ、水を2合の目盛りまで加える。さつまいもを真ん中にのせて炊飯する。

※ 💧マークのおかずと組み合わせるときは、水の分量を1.5合に。

2. 炊き上がったらしゃもじでさつまいもを切りながら全体を混ぜ合わせる。

塩昆布の塩けが
後を引くおいしさ

ツナと塩昆布ごはん

材料

無洗米……2合
ツナ缶（油漬け）……1缶
塩昆布……15g

作り方

1. 炊飯器に米を入れ、水を2合の目盛りまで加える。ツナを油ごと加えて炊飯する。

※ 💧マークのおかずと組み合わせるときは、水の分量を1.5合に。

2. 炊き上がったら塩昆布を加え、全体を混ぜ合わせる。

たこは縮むので、
たっぷり入れるのがコツ

たこ飯

材料

無洗米……2合
ゆでだこ……300g
A｜白だし……大さじ3
　｜みりん・酒……各大さじ1

作り方

1. たこは1.5cm幅に切る。

2. 炊飯器に米、Aを入れ、水を2合の目盛りまで加える。1を加えて炊飯する。

※ 💧マークのおかずと組み合わせるときは、水の分量を1.5合に。

3. 炊き上がったら全体を混ぜ合わせる。

具材たっぷり 炊き込みごはん 洋なごはん

炊飯器で加熱した
にんじんは甘くて美味!

にんじんごはん

材料

無洗米……2合
にんじん……1/3本
コンソメ（顆粒）……大さじ2

作り方

1. にんじんは細切りにする。

2. 炊飯器に米、コンソメを入れ、水を2合の目盛りまで加える。1を加えて炊飯する。
※💧マークのおかずと組み合わせるときは、水の分量を1.5合に。

3. 炊き上がったら全体を混ぜ合わせる。

子どもが喜ぶこと
間違いなし！

ウインナーピラフ

材料

無洗米……2合
ウインナーソーセージ……5本
玉ねぎ……1個
コンソメ（顆粒）……大さじ3

作り方

1. ウインナーソーセージは1cm幅に切り、玉ねぎはみじん切りにする。

2. 炊飯器に米、コンソメを入れ、水を2合の目盛りまで加える。玉ねぎ、ウインナーの順に加えて炊飯する。
※💧マークのおかずと組み合わせるときは、水の分量を1.5合に。

3. 炊き上がったら全体を混ぜ合わせる。

ジャンバラヤ

カレー粉を加えてスパイシーに仕上げて

【材料】
無洗米……2合
むきえび(冷凍)……10尾
ウインナーソーセージ……5本
玉ねぎ……1個
ピーマン……3個
A│トマトケチャップ……大さじ3
　│コンソメ(顆粒)……大さじ1
　│カレー粉……小さじ1

【作り方】

1　えびは解凍する。ウインナーソーセージは1cm幅に切り、玉ねぎ、ピーマンは1cm角に切る。

2　炊飯器に米、Aを入れ、水を2合の目盛りまで加える。野菜、ウインナーソーセージ、えびの順に加えて炊飯する。

※ マークのおかずと組み合わせるときは、水の分量を1.5合に。

3　炊き上がったら全体を混ぜ合わせる。

ポテトピラフ

ホクホクとしたじゃがいもが後を引く！

【材料】
無洗米……2合
じゃがいも……大1個
A│コンソメ(顆粒)……大さじ2
　│粗びき黒こしょう……適量

【作り方】

1　じゃがいもは2cm角に切る。

2　炊飯器に米、Aを入れ、水を2合の目盛りまで加える。1を加えて炊飯する。

※ マークのおかずと組み合わせるときは、水の分量を1.5合に。

3　炊き上がったら全体を混ぜ合わせる。

具材たっぷり 炊き込みごはん 洋なごはん

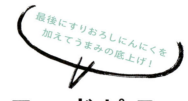

最後にすりおろしにんにくを加えてうまみの底上げ！

シーフードピラフ

材料

無洗米……2合
シーフードミックス（冷凍）……250g
玉ねぎ……1個
コンソメ（顆粒）……大さじ2
すりおろしにんにく（チューブ）……小さじ1

作り方

1. 玉ねぎは1cm角に切る。

2. 炊飯器に米、コンソメを入れ、水を2合の目盛りまで加える。1、シーフードミックスの順に加えて炊飯する。
※💧マークのおかずと組み合わせるときは、水の分量を1.5合に。

3. 炊き上がったらすりおろしにんにくを加え、全体を混ぜ合わせる。

食材とコンソメ味が最高の組み合わせ！

キャベツとベーコンのピラフ

材料

無洗米……2合
キャベツ……3〜4枚
ベーコン（ロングタイプ）……4枚
コンソメ（顆粒）……大さじ2

作り方

1. ベーコンは1cm幅に切る。

2. 炊飯器に米、コンソメを入れ、水を2合の目盛りまで加える。1を加え(a)、キャベツを手でちぎって敷き詰めて炊飯する(b)。
※💧マークのおかずと組み合わせるときは、水の分量を1.5合に。

3. 炊き上がったら全体を混ぜ合わせる。

088

> ミニトマトの
> ジューシーさが欠かせない！

チキンカレーピラフ

材料
無洗米……2合
鶏もも肉……大1枚 (300g)
玉ねぎ……1個
ミニトマト……6〜8個
A | コンソメ (顆粒)……大さじ1
  | カレー粉……小さじ2

作り方

1. 鶏肉は厚いところは切り込みを入れ、玉ねぎは1cm角に切る。

2. 炊飯器に米、Aを入れ、水を1.5合 (このレシピはどのおかずと組み合わせる場合も水は1.5合分で作ってください。) の目盛りまで加える。玉ねぎ、ミニトマトを加え (a)、鶏肉を皮目を上にしてのせて炊飯する (b)。

3. 炊き上がったら鶏肉を切るようにして全体を混ぜ合わせる。

> バターを溶かして
> 悪魔的なおいしさ！

コーンごはん

材料
無洗米……2合
ホールコーン缶……1缶 (190g)
コンソメ (顆粒)……大さじ1
バター……20g

作り方

1. 炊飯器に米、コンソメを入れ、水を2合の目盛りまで加える。汁けをきったコーンを加えて炊飯する。

※ 💧マークのおかずと組み合わせるときは、水の分量を1.5合に。

2. 炊き上がったらバターを加え、全体を混ぜ合わせる。

具材たっぷり 炊き込みごはん 〈中華なごはん〉

玉ねぎの甘みが溶け込んだ
やさしい味わい

玉ねぎピラフ

材料

無洗米……2合
玉ねぎ……1個
コンソメ（顆粒）……大さじ2

作り方

1 玉ねぎは1cm角に切る。

2 炊飯器に米、1、コンソメを入れ、水を2合の目盛りまで加えて炊飯する。

※ 💧 マークのおかずと組み合わせるときは、水の分量を1.5合に。

3 炊き上がったら全体を混ぜ合わせる。

ごま油を加えて
後を引く味わいに！

かに炒飯

材料

無洗米……2合
にんじん……1/3本
かに風味かまぼこ……70g
A │ 鶏がらスープの素（顆粒）・しょうゆ
　　　……各大さじ1
　│ ごま油……小さじ2

作り方

1 にんじんはせん切りにし、かに風味かまぼこは裂く。

2 炊飯器に米、Aを入れ、水を2合の目盛りまで加える。1を加えて炊飯する。

※ 💧 マークのおかずと組み合わせるときは、水の分量を1.5合に。

3 炊き上がったら全体を混ぜ合わせる。

中華しらすごはん

しらすの塩けが ほどよく馴染んで美味

材料
無洗米……2合
しらす干し……100g
鶏がらスープの素(顆粒)……大さじ2

作り方
1. 炊飯器に米、鶏がらスープの素を入れ、水を2合の目盛りまで加える。しらすを加えて炊飯する。
※💧マークのおかずと組み合わせるときは、水の分量を1.5合に。

2. 炊き上がったら全体を混ぜ合わせる。

ねぎ炒飯

中華系のおかずとよく合う！ねぎの風味がやみつきに！

材料
無洗米……2合
長ねぎ……2本
A │ 鶏がらスープの素(顆粒)……大さじ2
  │ ごま油……大さじ1

作り方
1. 長ねぎは1cm幅の斜め切りにする。

2. 炊飯器に米、Aを入れ、水を2合の目盛りまで加える。1を加えて炊飯する。
※💧マークのおかずと組み合わせるときは、水の分量を1.5合に。

3. 炊き上がったら全体を混ぜ合わせる。

具材たっぷり 炊き込みごはん 中華なごはん

炊飯器のスイッチ ON!

鮭フレークを使えば骨がなくてラク！

鮭炒飯

材料
無洗米……2合
鮭フレーク……50g
長ねぎ……1本
鶏がらスープの素(顆粒)……大さじ1

作り方

1. 長ねぎは1cm幅の斜め切りにする。

2. 炊飯器に米、鶏がらスープの素を入れ、水を2合の目盛りまで加えて炊飯する。
※ 💧 マークのおかずと組み合わせるときは、水の分量を1.5合に。

3. 炊き上がったら1、鮭フレークを加え、全体を混ぜ合わせる。

---

column 質問コーナー①

Q 一番よく作るメニューと、一番子どもにウケたメニューは？

A 子どもたちには、炊き込みキンパ風ごはんが人気でした！たくさん紹介した中でよく作るメニューは、さつまいもごはん、にんじんごまサラダ、なすの中華あえです。

Q 朝ごはんはどうしてる？

A 朝ごはんは、それぞれ冷蔵庫にある食べたいものを食べてます。子どもたちが小さいときは毎日朝ごはんを作っていたのですが、「今日はパンの気分じゃない」「ごはんの気分じゃない」と言われてしまうので、子どもたちが好きなものを自分で用意して食べるスタイルになりました。

Part 4

アレンジ可能！副菜たち

プレートが暗いときには、
にんじんやトマトを使っているものを、
栄養バランスが気になるときは、
ごぼうやきのこ類を使っているものを。
彩りや、栄養バランスをととのえてくれる副菜を選んで、
より充実したプレートを作りましょう。

アレンジ可能！ 副菜たち　じゃがいも・さつまいも

炊飯器といもの相性は抜群！
ホクホク感を楽しんで

カレーポテサラ

材料

じゃがいも……2個
ロースハム……4〜5枚
A｜マヨネーズ……大さじ4
　｜カレー粉……小さじ1

作り方

1. じゃがいもはひと口大に切り、ロースハムは細切りにする。
2. 炊飯器にじゃがいもを入れて炊飯する。
3. 炊き上がったらボウルに入れ、ロースハム、Aを加えて混ぜ合わせる。

point
炊き上がりに粒マスタード大さじ1をプラスして味変したり、輪切りにしたきゅうり1本分を加えてボリュームアップしても◎。

にんじんを入れて
色鮮やかなおかずに

ポテトサラダ

材料

じゃがいも……2個
にんじん……1本
ホールコーン缶……50g
A｜マヨネーズ……大さじ5
　｜塩・こしょう……各少々

作り方

1. じゃがいもはひと口大に切り、にんじんは縦4等分に切る。
2. 炊飯器に1を入れて炊飯する。
3. 炊き上がったらボウルに入れ、汁けをきったコーン、Aを加えて混ぜ合わせる。

point
じゃがいもはゴロゴロしていたほうがおいしいので崩しすぎないように注意して。カレー粉小さじ1をプラスしても美味。

094

香ばしいあおさを
アクセントに

じゃがいもの
あおさあえ

材料
じゃがいも……3個
A│あおさ……1g
　│バター……10g

作り方

1 じゃがいもは4等分に切る。

2 炊飯器に1を入れて炊飯する。

3 炊き上がったらボウルに入れ、Aを加えて混ぜ合わせる。

////////////// point //////////////
あおさの代わりにツナやチーズとあえてもおいしい！ 桜えびをプラスすればカルシウムもとれて◎

不足しがちな豆と合わせて、
栄養バランスアップ

さつまいもと
豆のサラダ

材料
さつまいも……1本
ミックスビーンズ……1パック(100g)
A│マヨネーズ……大さじ2
　│塩・こしょう……各適量

作り方

1 炊飯器にさつまいもを入れて炊飯する。

2 炊き上がったらボウルに入れて、ミックスビーンズ、Aを加えてさつまいもを切るように混ぜ合わせる。

////////////// point //////////////
豆がない場合は豆なしでももちろんOK！ その場合もマヨネーズは大さじ2のままで大丈夫です。

095

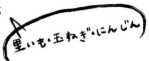
アレンジ可能！副菜たち（里いも・玉ねぎ・にんじん）

冷凍の里いもはストックしておくと便利！

里いもごまサラダ

材料

里いも（冷凍）……8個
ホールコーン缶……50g
にんじん……1/4本
A｜マヨネーズ……大さじ3
　｜だしじょうゆ（またはしょうゆ）・白すりごま
　｜……各小さじ1

作り方

1. 炊飯器に里いもを入れて炊飯する。

2. 炊き上がったらボウルに入れ、汁けをきったコーン、Aを加える。にんじんをスライサーで細切りにしながら加えて混ぜ合わせる。

point
にんじんを細切りにする際に使うスライサーは2mm幅のものを使用！生で食べるときは細めが食べやすくて◎。

炊飯したら調味料とあえるだけの超スピードおかず！

里いも煮

材料

里いも（冷凍）……8〜10個
A｜だしじょうゆ……大さじ3
　｜砂糖……大さじ1

作り方

1. 炊飯器に里いもを入れて炊飯する。

2. 炊き上がったらボウルに入れ、Aを加えて混ぜ合わせる。

point
だしじょうゆがない場合は、Aを白だし大さじ3に代えてもOK！

096

にんじんごまサラダ

縦に切るから水につけたくない
メインのおかずとの相性◎

材料
にんじん……1本
A | マヨネーズ……大さじ1
　| だしじょうゆ……小さじ1
　| 白すりごま……適量

作り方
1 にんじんは縦4等分に切る。
2 炊飯器に1を入れて炊飯する。
3 炊き上がったらボウルに入れ、Aを加えてスプーンで切りながら混ぜ合わせる。

point
にんじんが細い場合は、半分に切るだけでOK。大きさに合わせて熱が通りやすいように半分〜4等分に切ってください。

玉ねぎとトマトの中華マリネ

さっぱりとしているから、箸休めにぴったり

材料
玉ねぎ……1個
トマト……1個
ツナ缶（油漬け）……1缶
A | ごま油……大さじ2
　| 酢・砂糖……各大さじ1
　| 白いりごま……小さじ1

作り方
1 玉ねぎは6等分のくし形切りにし、トマトはひと口大に切る。
2 炊飯器に玉ねぎを入れて炊飯する。
3 炊き上がったらボウルに入れ、トマト、油をきったツナ、Aを加えて混ぜ合わせる。

point
玉ねぎはバラバラになりやすいので、根元を切り落とさないように気をつけるのがポイント！

アレンジ可能！ 副菜たち
大根・ごぼう・れんこん

甘辛いタレが後を引く！

大根のみそあえ

材料

大根……1/4本
A│砂糖・みそ……各大さじ2
　│水……大さじ1
　│白いりごま……適量

作り方

1. 大根は縦半分に切る。
2. 炊飯器に1を入れて炊飯する。
3. 炊き上がったら取り出して食べやすい大きさに切る。ボウルに入れ、Aを加えて混ぜ合わせる。

point
みそは冷蔵庫にあるものでOK！ 合わせみそや赤みそで味わいの変化を楽しんでも◎。

だしじょうゆがあると便利！
さっとあえて

大根のおかかあえ

材料

大根……200g
A│だしじょうゆ……大さじ3
　│みりん(煮切ったもの)……大さじ1
　│かつお節……1パック

作り方

1. 大根は縦半分に切る。
2. 炊飯器に1を入れて炊飯する。
3. 炊き上がったら取り出して食べやすい大きさに切る。ボウルに入れ、Aを加えて混ぜ合わせる。

point
夏は梅肉を加えてさっぱり食べるアレンジがおすすめ！

デリ風根菜サラダ

根菜がゴロゴロと入って満足感もアップ！

材料

ごぼう……1と1/2本（150g）
にんじん……大1本
A｜マヨネーズ……大さじ2
　｜ごまドレッシング……大さじ1
　｜白すりごま……小さじ2

作り方

1. ごぼうは炊飯器の内釜に入る長さに切り、にんじんは縦4等分に切る。
2. 炊飯器に1を入れて炊飯する。
3. 炊き上がったらボウルに入れて食べやすい大きさに切り、Aを加えて混ぜ合わせる。

point
ごぼうが太い場合は、縦半分に切ってから炊飯するとしっかり加熱できて◎。出来上がりはキッチンバサミで切るとラク。

れんこんのツナサラダ

材料

れんこん……300g
にんじん……30g
ひじき（乾燥）……2g
ツナ缶（油漬け）……1缶
A｜マヨネーズ……大さじ2
　｜だしじょうゆ……小さじ1

ツナマヨで子どももおいしく食べられる！

作り方

1. にんじんは細切りにし、ひじきは水につけてもどす。
2. 炊飯器にれんこんを入れて炊飯する。
3. 炊き上がったら取り出し、3mm厚さの半月切りにする。
4. ボウルに3、1、A、油をきったツナを入れて混ぜ合わせる。

point
ダイエット中で脂質を抑えたいときは、ツナ缶を水煮に代えて、カロリーハーフのマヨネーズを使っても。

アレンジ可能！ 副菜たち
なす・ピーマン・パプリカ

なすの ごまダレあえ

〔なすは少し油をかけるだけで、うまみアップ！〕

材料
なす……2本
A｜白すりごま……大さじ1と1/2
　｜砂糖・ごま油……各大さじ1
　｜しょうゆ……小さじ2
　｜酢……小さじ1
　｜すりおろしにんにく（チューブ）……少々

作り方
1. なすは縦半分に切る。
2. 炊飯器に1を入れて炊飯する。
3. 炊き上がったらなすを裂いてボウルに入れ、Aを加えて混ぜ合わせる。

point
炊き上がったなすはやけどに気をつけて手で裂きます。大きめが食べ応えがあって◎。

なすの中華あえ

〔お好みで大根おろしをのせても！〕

材料
なす……2本
A｜砂糖・ごま油……各大さじ1
　｜しょうゆ・酢……各大さじ1/2
　｜白いりごま……適量

作り方
1. なすは縦半分に切る。
2. 炊飯器に1を入れて炊飯する。
3. 炊き上がったらなすを裂いてボウルに入れ、Aを加えて混ぜ合わせる。

point
彩りをプラスしたいときは、せん切りにしたにんじんや青じそ、裂いたかに風味かまぼこをプラスして。

かつお節をのせて風味をプラス！

ピーマンのおひたし

材料

ピーマン……4〜5個
A｜かつお節……1パック
　｜めんつゆ（4倍濃縮）……大さじ2

作り方

1. 炊飯器にピーマンを入れて炊飯する。
2. 炊き上がったらボウルに入れ、Aをかける。

point
出来上がりにごま油を大さじ1を加えると、ヘルシー副菜から食欲倍増の副菜に！

バジルが香る、洋風の味わい！

パプリカのバジルオイルあえ

材料

パプリカ（赤・黄）……各1/2個
A｜オリーブ油……大さじ1
　｜バジル（乾燥）……小さじ1
　｜塩……小さじ1/4
　｜粗びき黒こしょう……少々

作り方

1. パプリカは縦半分に切る。
2. 炊飯器に1を入れて炊飯する。
3. 炊き上がったらボウルに入れ、Aを加えて混ぜ合わせる。

point
ひと口大にちぎったモッツァレラチーズを加えればおつまみにもGOOD！

101

アレンジ可能！ **副菜たち** きのこ・えび

えのきと たこの酢のもの

食感のある食材を組み合わせて、満足感アップ

材料
- えのきだけ……1袋
- ゆでだこ……70g
- カットわかめ（乾燥）……3g
- A
  - 酢……大さじ2
  - 砂糖……大さじ1
  - 白いりごま……適量

作り方

1. えのきだけは石づきを切り落とす。たこは1cm幅に切る。わかめは水につけてもどす。
2. 炊飯器にえのきだけを入れて炊飯する。
3. 炊き上がったらボウルに入れてほぐし、たこ、わかめ、Aを加えて混ぜ合わせる。

///// point /////
たこがない場合や高いシーズンはかに風味かまぼこに代えて作ればOK！

市販のキムチと混ぜるだけで、たっぷり食べられる！

えのキムチ

材料
- えのきだけ……1袋
- 白菜キムチ……150g
- ごま油……大さじ1

作り方

1. えのきだけは石づきを切り落とす。
2. 炊飯器に1を入れて炊飯する。
3. 炊き上がったらボウルに入れてほぐし、キムチ、ごま油を加えて混ぜ合わせる。

///// point /////
斜め切りにしたちくわ2本分を加えてさらにボリュームアップ！

こってりとした味が
ごはんとよく合う！

えびマヨ

材料

むきえび（冷凍）……8～10尾
A｜マヨネーズ……大さじ2
　｜トマトケチャップ……大さじ1/2
　｜砂糖・牛乳……各小さじ1

作り方

1. 炊飯器にえびを入れて炊飯する。

2. 炊き上がったらボウルに入れ、Aを加えて混ぜ合わせる。

////////// point //////////

たんぱく質食材が少ないなと思ったときの救世主！トマトケチャップを半量にして、豆板醤を少々加えればピリ辛味に！

えびとミニトマトのマリネ

ほどよい酸味が
食欲を刺激する！

材料

むきえび（冷凍）……10尾
ミニトマト……8個
A｜オリーブ油……大さじ1
　｜レモン汁……大さじ1/2
　｜バジル（乾燥）・塩・粗びき黒こしょう
　｜　……各少々

作り方

1. ミニトマトは半分に切る。

2. 炊飯器にえびを入れて炊飯する。

3. 炊き上がったらボウルに入れ、1、Aを加えて混ぜ合わせる。

////////// point //////////

ミニトマトの代わりにアボカドやパプリカ、ゆでたブロッコリーを合わせても◎。

column
アレンジ広がる万能ダレ

材料をすべて混ぜるだけで簡単！
サラダにかけたり、シンプルに蒸した肉や魚にかけてもおいしい！
タレを変えるだけで味の変化もあるから、
飽きずに食べることができます。

野菜をスティック状に切って
ディップしても◎

たらこマヨソース

材料

たらこ……25g
マヨネーズ……大さじ2
めんつゆ（4倍濃縮）……小さじ2

焼いた肉にかければ
一気にメイン料理に！

洋風ソース

材料

トマトケチャップ……大さじ2
オリーブ油・砂糖・バジル（乾燥）
　……各小さじ1
すりおろしにんにく（チューブ）
　……小さじ1/2

ごまの風味と
マヨネーズのこってりが合う！

ごまダレ

材料

白すりごま……20g
マヨネーズ……大さじ3
しょうゆ……小さじ1

ごま油とにんにくの
たまらない組み合わせ！

やみつきダレ

材料

ごま油……大さじ3
白すりごま・
　すりおろしにんにく(チューブ)・
　鶏がらスープの素・焼肉のタレ
　……各小さじ1

column
彩り豊かな常備菜

> ワンプレートの彩りに欠かせない！

にんじんラペ

材料
- にんじん……1本
- A
  - 酢・オリーブ油……各大さじ2
  - 砂糖……大さじ1
  - 塩……少々
  - バジル(乾燥)……適量

作り方
1. にんじんはスライサーでせん切りにする。
2. ボウルに1、Aを入れて混ぜ合わせる。

> ビタミンCが豊富な紫キャベツを使って

紫キャベツのマリネ

材料
- 紫キャベツ……1/4個
- A
  - オリーブ油……大さじ3
  - 酢……大さじ2
  - 砂糖……大さじ1
  - 塩……少々
  - レモン汁……適量

作り方
1. 紫キャベツはせん切りにする。
2. ボウルに1、Aを入れて混ぜ合わせる。

> おなかをスッキリさせたいときに添えると◎

きのこのガーリックバター

材料
- しいたけ……3個
- しめじ……1パック
- まいたけ……1パック
- 赤唐辛子(輪切り)……少々
- A
  - しょうゆ……大さじ1
  - すりおろしにんにく(チューブ)……小さじ1
  - 塩・こしょう……各少々
- バター……10g

作り方
1. しいたけは軸を切り落として薄切りにする。しめじは石づきを切り落としてほぐす。まいたけもほぐす。
2. フライパンにバターを熱し、赤唐辛子、1を入れてしんなりするまで炒め、Aを加えてさっと炒める。

106